101 Dinge

DIE DU GEMACHT HABEN SOLLTEST, BEVOR DU DEN ABGIBST

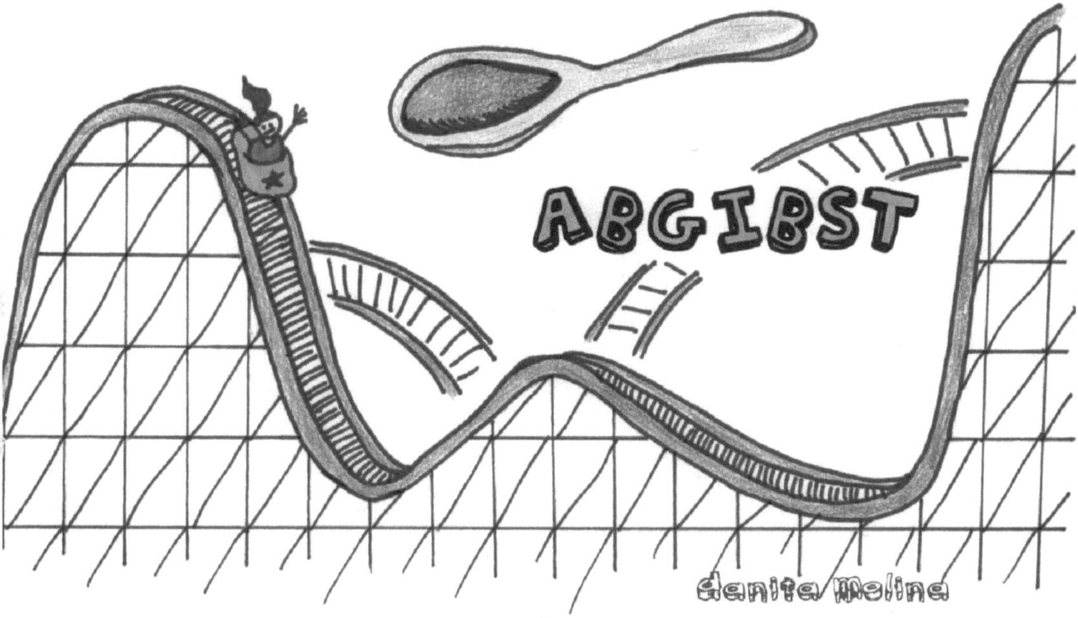

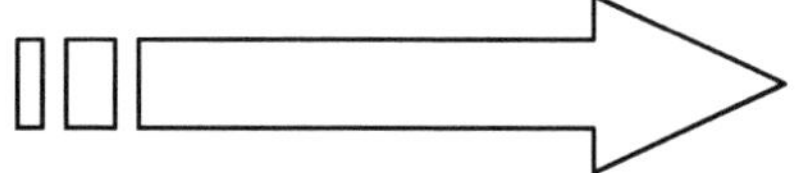

Hallo _________________________________ <- DEIN NAME

Dieses Buch soll dir eine Anregung geben, welche 101 Dinge du mal getan haben solltest, bevor du den Löffel abgibst. Zumindest einiges davon. Wenn du alles schaffst, Hut ab!

Achtung! Das ist kein buntes Buch mit Bildern. Wer meine Bücher kennt, weiß, dass ich Mitarbeit und Kreativität fordere. Ich gebe Vorgaben und du machst aus diesem Buch dein eigenes, einzigartiges Werk! Das bedeutet für dieses Buch:

Auf der linken Seite steht die Aufgabe, die du erfüllen kannst, und auf der rechten Seite hast du Platz:

für einen **Bericht**, ein **Beweisfoto**, oder, **oder**, oder...

Auch auf der linken Seite kannst du, wenn der Platz rechts nicht reicht, über die Aufgabe bzw. deren Durchführung **berichten**, etwas dazu **malen** oder **Bilder einkleben**. Du bist der Macher.

Und nun

ACHTERBAHN FAHREN

Ein Buch oder ein Lied schreiben

ALS MESSEAUSSTELLER FUNGIEREN

Im Wald oder an einem See zelten

Jemanden ohne genauen Anlass eine schöne Überraschung machen

EHRENAMTLICH HELFEN (Z. B. IN EINEM TIERHEIM)

Das Oktoberfest besuchen

EIN BLIND DATE MITMACHEN

Auf eine besondere Art heiraten

BLUT SPENDEN

In einem Flugzeug fliegen

Etwas für einen guten Zweck spenden

EINEM MENSCHEN
ODER EINEM TIER
DAS LEBEN
RETTEN

Jemandem Fremden bei etwas helfen

EINEN KURS BESUCHEN (Z. B. EINEN KOCHKURS)

Reiten

Ein Zeitungsabo abschließen

SKI ODER SNOWBOARD FAHREN

Eine Wandertour unternehmen

EINE THERAPIE MACHEN

Einen Sportkurs besuchen oder in einem Fitnessstudio anmelden

Einen Traum erfüllen

EINEN KRASSEN FRISURENWECHSEL

Ein Piercing und ein Tattoo stechen lassen

ETWAS MOPSEN

Nachts nackt baden gehen

gehen

(im Schwimmbad

oder an einem See)

Im Straßenverkehr jemanden über die Straße lassen, auch wenn derjenige keine Vorfahrt hat

EINE FERNREISE MACHEN

An einem Gewinnspiel teilnehmen oder Lotto spielen

EINE ZAHNREINIGUNG MACHEN LASSEN

Sich massieren lassen

EIN BUNDGEE- ODER FALLSCHIRMSPRUNG MACHEN

Eine afrikanische Trommelstunde mitmachen

Eine große Fete organisieren

ALTEN KREMPEL AUF DEM FLOHMARKT VERKAUFEN

Die Wohnung / das Haus ausmisten

DEN JOB AUS EIGENEM WILLEN WECHSELN

Ein Tier aus dem Tierheim adoptieren oder eine Tierpatenschaft übernehmen

In eine andere Stadt ziehen

EIN MUSIKINSTRUMENT SPIELEN ODER IN EINER BAND MITWIRKEN

In einem Theaterstück mitspielen

EISLAUFEN

Ein Videospiel durchspielen

EINEN HORRORFILM ANSCHAUEN

Einen Nebenjob, z.B. in einer Küche oder als Putzhilfe annehmen

ETWAS BASTELN

Inliner fahren

JEMANDEN EINEN STREICH SPIELEN

Einmal blau machen

DAS TRAUMAUTO FAHREN

Eine Brieffreundschaft pflegen

Ein eigenes Geschäft eröffnen

EINE ZEIT LANG VEGETARISCH ODER VEGAN LEBEN

Den Intimbereich rasieren

Ein Möbelstück bauen

KASTANIEN SAMMELN

Sex im Auto, oder einem anderen Ort als das Bett

Etwas Ungewöhnliches essen

EINEM IDIOT DIE MEINUNG SAGEN

Einen Tanzkurs belegen

Nachts über einen Friedhof laufen

ETWAS VERSCHENKEN, WAS MAN EIGENTLICH SELBST BEHALTEN WILL

Unter freiem Himmel schlafen

EINE FASTENKUR MACHEN

Einen Tanz / eine Choreografie erfinden

IN EIN SOLARIUM GEHEN

Ein Gesicht in einen Kürbis schnitzen

EINE SELBSTLOSE TAT VOLLBRINGEN

Einem Hund etwas beibringen

EINEN WITZ ERFINDEN

Im Bett frühstücken, oder einen ganzen Tag im Bett verbringen

EINEN FLOHMARKT BESUCHEN, BUMMELN, ETWAS ALTES FINDEN UND HANDELN

Jemanden in einer ernsten Situation zum Lachen bringen

Eine Steuerklärung ausfüllen und abgeben

EIN BUCH LESEN
EIN MALBUCH AUSMALEN

Im Meer baden

EINE SCHLANGE ANFASSEN

Picknick in der Natur

Einen Weihnachtsbaum schmücken

AN EINER BRENNNESSEL VERBRENNEN

Einen Berg besteigen

Eine große Spinne auf die Hand nehmen

DURCH EINEN SEE SCHWIMMEN

Holz hacken

EIN MUSICAL BESUCHEN

Eine Wohnung renovieren

UNTER FREIEM HIMMEL KACKEN

Einen Baum pflanzen

Ein 4 Blättriges Kleeblatt finden

EINE BUSREISE UNTERNEHMEN

Einen Marathon mitlaufen

EINE ZUGFAHRT DURCH DAS LAND UNTERNEHMEN

An die Nordsee fahren und einen Spaziergang am Strand machen

LAUB ZUSAMMENKEHREN

Auf einen Baum klettern

AUS EINER QUELLE TRINKEN

Einen Sonnenuntergang fotografieren

EIN MOTOCROSSRENNEN ODER PFERDERENNEN ANSCHAUEN

Eine Sandburg bauen

Ein Fußballspiel anschauen

ETWAS VERBOTENES TUN

<u>Weitere Werke von Danita Molina:</u>

<u>Mach Mich Serie:</u>

- **Mach Mich – Mach Dich – POSITIV** - Das positive Aktiv Buch für Erwachsene
- **Mach Mich – Mach Dich – FUNNY** - Das lustige Aktiv Buch für Erwachsene
- **Mach Mich – Mach Dich – SELFIE** - Das etwas andere, lustige Fotoalbum

<u>Schreib mir was Serie:</u>

- **Schreib mir was** – Das etwas andere Freundschafts- und Erinnerungsbuch für Erwachsene
- **Schreib mir noch was** – Teil 2 des Freundschaftsbuches für Erwachsene
- **Leute - Schreibt mir was!** – Das Freundschafts- und Erinnerungsbuch für Jugendliche
- **Liebe Kollegen- schreibt mir was!** – Das Freunde- und Erinnerungsbuch für Arbeitskollegen
- **Schreib mir was zum Schulabschluss**– Das Freundschafts- und Erinnerungsbuch für Schulkameraden
- **Schreibt uns was zur Hochzeit**– Das Hochzeits-Gästebuch
- **Putzpause** – Das Freundebuch für Hausfrauen

- **Das Haustier Freundschaftsbuch** – Auch Haustiere dürfen Freundschaftsbücher haben
- **Das Liebeskummer Erste Hilfe Buch** – Lustige & befreiende Aufgaben zur Überwindung des Liebeskummers
- **Das Beziehungsbuch** – eine tolle, gemeinsame Erinnerung für Paare

Danita-molina.jimdo.com

Danke für Euer Like auf Facebook: Danita Molina

Herstellung und Verlag:
BoD – Books on Demand, Norderstedt
ISBN 978-3-7431-9052-8

Danita-molina.jimdo.com / Facebook: Danita Molina

Idee & Inhalt © Danita Molina

Für Druck- und Herstellungsqualität ist der Verlag verantwortlich